Bibliografische Information der Deutschen Nationalbibliothek:

Die Deutsche Bibliothek verzeichnet diese Publikation in der Deutschen National-
bibliografie; detaillierte bibliografische Daten sind im Internet über http://dnb.d-
nb.de/ abrufbar.

Impressum:

Copyright © 2010 GRIN Verlag
Druck und Bindung: Books on Demand GmbH, Norderstedt Germany
ISBN: 9783668681439

Dieses Buch bei GRIN:

https://www.grin.com/document/419309

Anonym

Mammographie-Screening. Informationen und Risikokommunikation in Broschüren und Internet

GRIN Verlag

Inhaltsverzeichnis

1. Einleitung

Diese Seminararbeit im Rahmen des Proseminars „Der mündige Patient – Eine Illusion" im Sommersemester 2010 soll einen Überblick über die Risikokommunikation mit Brustkrebspatientinnen von Seiten der Ärzte, Informationsbroschüren und des Internets bezüglich des Mammographie-Screenings. Es soll herausgearbeitet werden, inwiefern die Patientin /der Patient (es können auch Männer an Brustkrebs erkranken) im Zuge ihrer Informationsbeschaffung im Unklaren gelassen wird, welche Fehler demnach in der Risikokommunikation bestehen und wie diese Fehler beseitigt werden können.

Im ersten Teil der Seminararbeit soll eine Einführung in die Materie, also in die Begrifflichkeiten gegeben werden. Im Fokus steht hier das Screening und im Einzelnen das Mammographie-Screening, welches eines der verschiedenen Screening-Arten zur Erkennung von Brustkrebs darstellt. Hier soll der Ablauf eines Mammographie-Screenings skizziert werden.

Daraufhin werden die Nachteile, die eine Mammographie mit sich bringen kann aufgezählt und erläutert. Das Phänomen der „falsch-positiven Befunde" etc. soll dem Leser in diesem Kapitel nähergebracht werden.

Im Anschluss daran soll sich mit der Risikokommunikation zwischen Patient/in und Informationsquelle (sei es der Arzt, eine Informationsbroschüre oder Internetseiten, die dieses Thema behandeln) auseinandergesetzt werden. Inwiefern kann der Patient / die Patientin sich in der Informationsvielfalt zurechtfinden? Werden auch die Nachteile des Mammographie-Screenings aufschlussreich behandelt und erläutert? Könnten die Patientinnen / die Patienten negativ beeinflusst werden? Hier soll u.a. die mangelnde Aufklärung durch Informationsbroschüren oder das Internet thematisiert werden.

Die Arbeit soll keine wertenden Aussagen beinhalten, sie soll den Leser nicht beeinflussen, sondern neutral die Vor- und Nachteile in Bezug auf Screenings und die Risikoinformation darstellen.

2. Screening / Mammographie-Screening

Die Screening-Untersuchung lässt sich als systematischer Such- oder Siebtest definieren, welcher zu einem eventuellen Auffinden einer Krankheit oder eines unbekannten Defekts führt.[1] Aus dem Englischen übersetzt bedeutet Screening „Durchsiebung".

Das Screening soll Krankheiten im frühen Stadium aufspüren und eine möglichst große Bevölkerungsgruppe abdecken.

Das Mammographie-Screening, das eine Art der radiologischen Vorsorgeuntersuchung für Brustkrebs ist, stellt eine Reihenuntersuchung von Frauen, die an keinerlei Symptomen leiden dar. Dieses Screening ist in Deutschland für Frauen zwischen 50 und 69 Jahren Bestandteil der gesetzlichen Früherkennung von Mammakarzinomen.

Die Untersuchung findet ohne ärztlichen Kontakt statt – weder die Untersuchung an sich noch das vorherige und das abschließende Gespräch wird von einer ärztlichen Fachkraft durchgeführt.

Zu dieser Untersuchung werden spezielle Röntgengeräte mit einer weichen Strahlung, also 25-35 kV (Kilovolt), benutzt. Bei der Röntgenuntersuchung wird jede Brust zwischen zwei Plexiglasscheiben gelegt und möglichst flach zusammengedrückt. Dies ermöglicht die Beleuchtung aus zwei verschiedenen Perspektiven (von oben nach unten und von der Mitte zur Seite).[2] So sollen feinste Gewebeunterschiede entdeckt werden. Selbst nicht-tastbare Gewebeformationen oder Mikrokalk können sichtbar gemacht werden. Dieser Überrest abgestorbener Zellen gilt häufig als Indikator für Brustkrebs. Die Sensitivität der Mammographie hängt u.a. stark von der Gewebedichte der Brust ab.[3]

---

[1] http://www.brustkrebs-info.de/brustkrebs-lexikon/lexikon.php?buchstabe=s#alphabet
Zugriff am 27.11.2010.
[2] http://www.brustkrebs-info.de/patienten-info/mammographie-screening/TK-Broschuere2007_mammografie112007.pdf#oben S. 9
Zugriff am 15.11.2010.
[3] Barth, Volker: Atlas der Mammadiagnostik: Mammographie und Sonographie intensiv trainieren. Georg Thieme Verlag KG, Stuttgart 1994 [S. 89].

Es sind zwei verschiedene Arten der Mammographie aufzuführen, welche zu unterschiedlichen Zwecken eingesetzt werden:

1.   Die diagnostische Mammographie
2.   Die Früherkennungsmammographie

Die diagnostische Mammographie kommt dann zum Einsatz, wenn die Patientin / der Patient oder der behandelnde Arzt beim routinemäßigen Abtasten der Brust eine Auffälligkeit, wie einen Knoten oder eine Gewebeverdichtung gefunden hat. Um Klarheit zu schaffen und dem Befund weiter nachzugehen wird in diesem Fall eine Mammographie-Untersuchung verordnet. Diese Art der Mammographie wird von den gesetzlichen Krankenkassen bezahlt.[4]

Als Früherkennungsmammographie bezeichnet man die Routineuntersuchung für Frauen zwischen 50 und 69 Jahren, welche in regelmäßigen Abständen eine schriftliche Einladung zum Screening erhalten. Auch ist es möglich, dass Patientinnen aufgrund familiärer Vorerkrankungen von ihrem behandelnden Arzt die Empfehlung zur vorsorglichen Screening-Untersuchung bekommen haben, obwohl sie nicht der dafür vorgesehenen Altersgruppe angehören.[5]

Neben den erwähnten medizinischen Untersuchungen (Selbstabtasten, Abtasten durch den Arzt und das Mammographie-Screening) gibt es noch die Ultraschalluntersuchung und die Magnetresonanz- oder Kernspintomographie. Ein Vorteil dieser beiden Verfahren ist die ausbleibende Strahlenbelastung, welche beim Mammographie-Screening nicht zu vermeiden ist. Nachteile dieser Untersuchungsarten sind die öfter auftretenden unklaren Befunde, die weitere Untersuchungen mit sich führen und das häufige Nicht-Erkennen eines bösartigen Brusttumors.

Ziel des Mammographie-Screenings ist es, die Sterblichkeitsrate bedingt durch Brustkrebs zu senken. Allerdings stellt das Screening nur eine Erkennungsmaßnahme dar, ohne präventiven Charakter, die Entstehung eines Mammakarzinoms kann so nicht verhindert werden. Es besteht lediglich die Möglichkeit, dass ein etwaiges Karzinom mit Hilfe der regelmäßigen Mammographie frühzeitig erkannt werden kann. Aufgrund dessen soll der regelmäßige

---

[4] http://www.brustkrebs-info.de/patienten-info/mammographie-screening/TK-Broschuere2007_mammografie112007.pdf#obenS. 10.
Zugriff am 15.11.2010.
[5] http://www.brustkrebs-info.de/patienten-info/mammographie-screening/TK-Broschuere2007_mammografie112007.pdf#oben S. 11.
Zugriff am 15.11.2010.

Abstand zwischen den einzelnen Untersuchungen auf 6 – 18 Monate (statt alle 24 Monate) verkürzt werden.[6]

Sollte das Ergebnis eines Screenings auf eine Zellveränderung bzw. auf Brustkrebs hindeuten, so werden in der Regel weitere Mammographien oder auch Biopsien durchgeführt um weiterhin Aufschluss für eine fundierte Diagnose zu geben. Zur weiteren Behandlung eines Mammakarzinoms wird die Patientin in der Regel in ein Brustzentrum überwiesen. Hier können drei verschiedene Behandlungsmöglichkeiten zum Einsatz kommen: Die Tumorektomie, die Amputation oder eine Strahlentherapie. Bei der Tumorektomie, welche auch als „brusterhaltende Therapie" bezeichnet wird[7], wird nur das betroffene Gewebe entfernt. Die Amputation der Brust, die Masektomie, erfolgt in besonders ausgeprägten Stadien des Brustkrebses, wenn ein Großteil des Zellgewebes betroffen ist.

Die Ergebnisse von Studien zum Nutzen der Mammographie-Screenings und die Vor- und Nachteile dieser Untersuchung können unterschiedlich dargestellt werden. Dieser Tatbestand lässt darauf schließen, dass die Risikokommunikation zwischen Patient und Arzt, Informationsbroschüren und dem Internet, falsch oder verfälscht vollzogen wird. Hiermit soll sich das folgende Kapitel dieser Seminararbeit beschäftigen.

---

[6] Barth, Volker: Atlas der Mammadiagnostik: Mammographie und Sonographie intensiv trainieren. Georg Thieme Verlag KG, Stuttgart 1994 [S. 90].
[7] http://www.saez.ch/pdf/2003/2003-38/2003-38-903.PDF S. 1959
   Zugriff am 22.11.2010.

3. Risikokommunikation zum Thema Mammographie

Dieser Abschnitt soll die im Internet und in Informationsbroschüren zu findenden Vor- und Nachteile des Mammographie-Screenings neutral diskutieren und im Anschluss daran Fehler und Missverständnisse innerhalb der Risikokommunikation aufdecken.

3.1 Vorteile der Mammographie

Hier sollen zunächst die öffentlich hauptsächlich vermittelten Vorteile des Screenings aufgelistet werden. Eine Erläuterung und Beurteilung erfolgt im Anschluss.

Für Frauen mit einem höheren Risiko, an Brustkrebs zu erkranken, z.B. aufgrund der Erkrankung der Mutter oder eines anderen Familienmitglieds, sind die Vorteile einer Mammographie tendenziell deutlicher als bei Frauen mit besonders wenigen Risikofaktoren.

Da der Abstand der Untersuchungen bei stärker gefährdeten Frauen geringer ist als der normale Routineabstand, bietet das Mammographie-Screening hier die Möglichkeit eventuelle Zellveränderungen früh genug zu erkennen und weitere Behandlungen einzuleiten.

Durch die Methode des Mammographie-Screenings soll die Sterblichkeit an Brustkrebs deutlich gesenkt werden.[8] Laut diversen Internetseiten soll die Sterblichkeitsrate um 25% gesenkt werden[9].

Hier muss man allerdings Vorsicht walten lassen und diesen Angaben nicht einfach blind vertrauen. Informationsbroschüren pro Mammographie-Screening arbeiten oft mit relativen Zahlen, welche die Realität verzerren können. Die oben erwähnte Senkung der Sterberate um 25% beruft sich ausschließlich auf relative Werte. In absoluten Zahlen bedeutet dies eine Verringerung der Todesfälle von vier auf drei unter 1000 Frauen in einem Zeitraum von 10 Jahren. Dies nennt man „absolute Risikoreduktion". In anderen Worten ausgedrückt bedeutet dies, dass von 1000 Frauen, die fünf mal in 10 Jahren an einem Mammographie-Screening teilnehmen 999 Frauen keinen Nutzen haben. 996 davon, weil sie ohnehin nicht an Brustkrebs sterben oder gerade weil sie trotzdem an Brustkrebs sterben (drei von den 999 Frauen). Effektiv gerettet wird also nur eine von 1000 Frauen, was in Prozentzahlen ausgedrückt nicht 25% sondern nur 0,1% ausmacht.

---

[8] http://www.referenzzentrum-muenchen.de/info-fuer-frauen/vorteile-und-grenzen.html
  Zugriff am 15.11.2010.
[9] Z.B.: http://de.wikipedia.org/wiki/Mammografie
  Zugriff am 29.11.2010.

Die Relativwerte, die in Risikokommunikationen meistens ausschließlich aufgeführt werden, können in Frauen falsche Hoffnungen auf Rettung bei Brustkrebs erwecken.

3.1 Nachteile der Mammographie

Die Nachteile der Mammographie werden in den meisten Informationsbroschüren oder auf Internetseiten nicht ausführlich beschrieben. So machen die meisten Seiten auf eine negative Strahlenbelastung aufmerksam, die allerdings aufgrund der Abstände zwischen den einzelnen Untersuchungen so gering wie möglich gehalten werde. Allerdings kann die tatsächliche Belastung durch die Strahlen einer Screening-Untersuchung zur Zeit nur geschätzt werden. Immerhin werden symptomfreie, gesunde Frauen Röntgenstrahlen ausgesetzt, was nach der Röntgen-Verordnung gar nicht zulässig ist.[10] Es ist schon seit Beginn des 20. Jahrhunderts bekannt, dass elektromagnetische Strahlen krebserregend sind. Hier ist es wichtig zu erwähnen, dass je jünger die Frau ist, desto höher ist das Risiko durch die Strahlenbelastung an Krebs zu erkranken.[11] Das Strahlenrisiko für die Brust sinkt allerdings mit dem Alter drastisch ab. Deshalb werden auch nur Frauen im Alter von 50 bis 69 Jahren zum Mammographie-Screening eingeladen.

Weniger oft erwähnt wird das Phänomen der „falsch-positiven Befunde". Diese bezeichnen einen Krebsverdacht, obwohl nach weiteren Untersuchungen kein Krebs festzustellen ist. Dies kann natürlich zu einer psychischen Belastung der betroffenen Frauen führen. Neben der physischen Belastung, kann durch ein falsches Ergebnis auch ein psychisches Trauma ausgelöst werden. Viele Frauen berichten seit einem falsch-positiven Ergebnis von einer großen Angst vor der Mammographie. Dies kann sich in Einzelfällen auch auf die tägliche Stimmungslage und die Arbeitsfähigkeit auswirken. Bei einer Studie von 26.000 Frauen erwiesen sich neun von zehn positiven Mammographieergebnissen als falsch-positiv. Somit ergab sich in der Folgezeit nur bei einem positiven Fall die Diagnose Brustkrebs.[12]

Neben den falsch-positiven Befunden besteht auch die Möglichkeit von falsch-negativen Ergebnissen. Hier wird eine Zellveränderung im Brustgewebe trotz des Mammographie-Screenings nicht erkannt. Die Patientin wird mit einem falschen Befund entlassen. Da im Frühstadium keine Symptome zu vermerken sind, ist es unmöglich, den Krebs auf andere Art

---

[10] http://www.brustkrebs-info.de/patienten-info/index.php?datei=patienten-info/mammographie-screening/screening_nutzen.htm
Zugriff am 15.11.2010.
[11] Nationales Netzwerk Frauen und Gesundheit (Hrsg.): Brustkrebs Früherkennung: S. 13.
12Gigerenzer, Gerd: Das Einmaleins der Skepsis. Über den richtigen Umgang mit Zahlen und Risiken, Berlin 2002 [S. 95 f.]

und Weise zu diagnostizieren. Diese Patientinnen werden in dem Glauben gelassen, gesund zu sein. Erst bei einer nächsten Routineuntersuchung, wenn der Tumor größere Ausmaße angenommen hat, könnte es zu einer richtigen Diagnose kommen – wenn es dann noch nicht zu spät ist. Die Rate der falsch-negativen Befunde liegt bei ca. 5-20 %.

Das Risiko des falsch-negativen Befunds ist in der Informationsquelle Internet nur schwerlich zu finden. In erster Linie wird hier das Phänomen der falsch-positiven Diagnosen dargestellt. Dies könnte daran liegen, dass ein falsch-negativer Befund nicht unbedingt einen Nachteil des Mammographie-Screenings darstellt. Ein Nicht-Teilnehmen am regelmäßigen Screening hätte die gleichen Ausmaße.

Eine weitere Brustkrebsform beschreibt die Karzinome, mit einem sehr langsamen Wachstum. Diese treten hauptsächlich im fortgeschrittenen Alter auf. Die Diagnose durch eine Mammographie kann in diesem Fall meistens nicht helfen, sondern im Gegenteil eine psychische Belastung für die Patientin bedeuten, die meist gar nicht an den Folgen des Krebses stirbt, sondern an Alterschwäche oder einer anderen Krankheit. Jedoch muss sie zum Ende ihres Lebens aufgrund der Krebsdiagnose weitere Behandlungen über sich ergehen lassen und vor allem mit der Diagnose Brustkrebs leben. Hier stellt sich unweigerlich die Frage, ob eine frühzeitige Erkennung in diesen Fällen nicht zu einer unnötigen Einschränkung der Lebensqualität führt.

Viele Informationsquellen geben keinen Aufschluss über die Möglichkeit eines duktalen Karzinoms in situ. Diese Form des Karzinoms kann zu Lebzeiten ausschließlich durch das Mammographie-Screening diagnostiziert werden. Da es ausschließlich in den Milchgängen auftritt, kann es nicht durch vorheriges Abtasten entdeckt werden. Man geht davon aus, dass 10-50% der duktalen Karzinome in situ innerhalb von 20-30 Jahren zu einem invasiven Karzinom werden. Derzeit muss sich fast jede Frau einer entsprechenden Therapie unterziehen, wenn bei ihr ein Karzinom dieser Art entdeckt wurde, d.h. einer Entfernung oder Teilentfernung der Brust. Es wird zu diesen drastischen Maßnahmen gegriffen, obwohl mindestens die Hälfte dieser Frauen keine weiteren Probleme bekommen hätten.[13]

---

[13] Gigerenzer, Gerd: Das Einmaleins der Skepsis. Über den richtigen Umgang mit Zahlen und Risiken, Berlin 2002 [S. 98 f].

4. Das Internet – eine zuverlässige Informationsquelle?

Dieses Kapitel beschäftigt sich mit ausgewählten Internetseiten und der Fülle an Informationen, denen die Betroffenen ausgesetzt sind. Es soll einen kurzen Einblick in derzeitige Internetseiten zum Thema Brustkrebs und Mammographie geben.

Das Internet hat sich in den letzten Jahren zu einer riesigen Plattform entwickelt, auf welcher fast jeder seinen Beitrag zu einem bestimmten Thema veröffentlichen kann. Für einen ungeschulten „Internetsurfer" kann es schwierig sein, zwischen vertrauenswürdigen und weniger vertrauenswürdigen Seiten zu unterscheiden. Aus diesem Grund wurden für die weitere Untersuchung der Internetquellen Seiten aus verschiedenen Bereichen ausgewählt. Somit wird Bezug genommen auf:

www.wikipedia.de

www.mammo-programm.de

www.brustkrebs-info.de

www.krebsinformationsdienst.de

Wikipedia ist ein Internet-Lexikon, in welchem Beiträge von verschiedenen Nutzern veröffentlicht werden. Trotz Quellenangaben etc. kann man sich im Regelfall nicht auf die 100%ige Sicherheit und Richtigkeit dieser Artikel verlassen. Gibt man jedoch in einer Internet-Suchmaschine die Schlagwörter „Mammographie" oder „Brustkrebs" ein, erscheint der Wikipedia-Artikel meistens fast ganz zu Anfang. Aus diesem Grund ist es durchaus möglich, dass viele Patienten bei ihrer Informationsbeschaffung auf eine solche Seite zurückgreifen. Eine Überprüfung der veröffentlichen Aussagen ist demnach unabdingbar.

www.wikipedia.de

Die Artikel zu Brustkrebs und Mammographie-Screening auf Wikipedia erscheinen zunächst sehr lang und unübersichtlich. Es fällt auf, dass in erster Linie relative Zahlen verwendet werden, um die Vorteile einer Mammographie aufzuzeigen. Erst im weiteren Verlauf des Artikels wird auf die Irreführung durch diese Relativwerte hingewiesen und es werden die absoluten Zahlen aufgedeckt. Positiv zu vermerken ist, dass der Mammographie-Artikel die Vor- **und** Nachteile eines Screenings berücksichtigt und verständlich wiedergibt.

www.mammo-programm.de

Diese Internetseite, auf welche in einer Broschüre des Deustchen Krebsinformationszentrums und der Deutschen Krebshilfe hingewiesen wird ist nutzergerecht aufgebaut. Auch für weniger routinierte Internetbenutzer ist sie übersichtlich und einfach zu bedienen. Aufgrund einer angestiegenen Migrationsrate ist ein übersichtliches Merkblatt in sechs Sprachen herunterzuladen. Es werden fast ausschließlich absolute Zahlen benutzt und der Verweis auf Vor- und Nachteile ist auch zu finden. Allerdings wird hier nicht auf das duktale Karzinom in situ hingewiesen.

www.brustkrebs-info.de

Diese öffentliche Internetseite bietet positiver Weise eine Tabelle mit absoluten und relativen Zahlen im Vergleich und führt auch dementsprechende Erklärungen auf. Des Weiteren wird ausdrücklich auf das Risiko der Strahleneinwirkung und auf ein unabdingbares Gespräch mit dem Arzt hingewiesen. Ein Diagramm informiert über die Häufigkeit von Brustkrebs und falsch-positiven und falsch-negativen Befunden. Allerdings werden die Informationen an manchen Stellen sehr wissenschaftlich formuliert und es könnte bezweifelt werden, dass es allgemein verständlich ist. (komplizierte Hochrechnungen).

Zu bemängeln ist weiter, dass viele Links nicht aktualisiert sind und teilweise noch auf dem Stand von 2004 sind.

www.krebsinformationsdienst.de

Auch diese Internetseite verweist (hier schon auf der Startseite) auf das Beratungsgespräch mit dem Arzt, das dringend erforderlich ist, um Fehlinformationen etc. aus dem Weg zu räumen. Innerhalb der Internetpräsenz ist u.a. auch ein Verweis auf gutartige Veränderungen in der Brust zu finden, den man auf anderen Seiten vergeblich sucht. Auch die Behandlungsfolgen und die Nachsorge und die verschiedenen Behandlungsmöglichkeiten werden nicht außer Acht gelassen.

Zu vermerken ist allerdings auch, dass die Seite in Bezug auf die Strahlenbelastung nur einen kurzen Verweis ausspricht und ohne Vergleiche oder genauere Erklärungen behauptet, dass das Risiko der Belastung im Vergleich zum Nutzen vertretbar sei. Es wird hier nicht auf die Fälle eines Belastungsrisikos hingewiesen (z.B. bei Vorbelastung in der Familie). Man muss hier blind vertrauen.

Außerdem lassen sich auf dieser Internetseite sowohl kategorische als auch hypothetische Aussagen finden. Zum Einen wird behauptet, dass „allgemeine Krebsrisikofaktoren bei der Entstehung von Brustkrebs nicht beteiligt sind"[14]. Andererseits findet man ein paar „Klicks" entfernt die hypothetische Aussage, dass „Rauchen und Passivrauchen [...] zwar un gesund

---

[14] http://www.krebsinformationsdienst.de/tumorarten/brustkrebs/was-ist-brustkrebs.php.
Zugriff am 27.11.2010.

[sind], ein Zusammenhang mit der Entstehung von Mammakarzinomen ist aber nicht eindeutig belegt; er lässt sich zurzeit allerdings auch nicht sicher ausschließen"[15]. Die hypothetische Aussage relativiert die zuvor getätigte kategorische Aussage auf eine gewisse Art und Weise. Es ist nicht zu 100% sicher, dass diese allgemeinen Krebsrisikofaktoren wirklich nicht an der Entstehung von Brustkrebs beteiligt sind. Solche nicht übereinstimmenden Aussagen können zur Unglaubwürdigkeit der Internetpräsenz führen, obwohl sie sich in diesem Falle noch in Grenzen halten.

Dieser kurze Einblick in die Informationsfülle des Internets und deren Wahrheitsgehalt zeigt, dass immer noch nicht alle informationsgebenden Seiten ausdrücklich darauf verweisen, dass die Mammographie keine Präventationsmöglichkeit für Brustkrebs ist. Viele Frauen glauben heute noch, dass das Screening die Entstehung von Brustkrebs verhindert. Die ist der mangelnden Aufklärung hinsichtlich der Bedeutung des Screenings zuzuschreiben. Das Mammographie-Screening ist keineswegs eine Vorsorgemaßnahme, wie bei anderen Krebsarten nicht zu rauchen, oder sich gesund zu ernähren etc. sondern eine Früherkennungsmethode, die dazu dienen soll, Veränderungen so früh wie möglich zu entdecken und zu behandeln.

Doch die verschiedenen Informationsquellen selbst der Gesundheitsorganisationen geraten hier hinsichtlich der richtigen Aufklärung in einen Konflikt. Einerseits wollen sie so viele Frauen wie möglich für das Screening werben, andererseits müssen sie angemessen und unverfälscht über Vor- und Nachteile informieren. Doch die Informationen, die die Patienten zur Teilnahme am Mammographie-Screening ermutigen sollen, werden stärker betont und überwiegen in der Regel.

So nutzen die meisten Broschüren und Internetpräsenzen fast ausnahmslos die relative Risikoreduktion als „Überzeugungsmittel" für ein Brustscreening und der Nutzen wird erheblich überschätzt.

So gehen viele Frauen davon aus, dass ein Screening die Verbreitung von Brustkrebs minimiere. Um diesen Irrtum gerade zu rücken wäre es wichtig, dass die Informationsquellen ausdrücklicher und auch verständlicher darauf verweisen, dass das Screening lediglich die Sterblichkeit durch Mammakarzinome vermindern kann, nicht deren Verbreitung.

Zu erkennen, dass das Screening in absoluten Zahlen gerade einmal eine Frau von 1000 retten kann, und das auch nur Hochrechnungen zufolge, könnte manche Frauen davon abhalten, an einem Screening teilzunehmen, da das Verhältnis von „Geretteter" und „Nicht-Geretteten" zu

---

[15] http://www.krebsinformationsdienst.de/tumorarten/brustkrebs/brustkrebsrisiken-uebersicht.php.
Zugriff am 27.11.2010.

stark differiert. Da dies nicht im Sinne der diversen Gesundheitsorganisationen ist, wird hier mit lockenden Argumenten in Form von relativen Zahlen gespielt. Ist eine Rettungschance von 25% nicht überzeugender als eine von 0,1%, welche allerdings der Realität entspricht?

Hier sind die behandelnden und informierenden Ärzte gefragt, die eigentlich zu einer wahrheitsgetreuen und unverfälschten Informierung beizutragen haben. Der Arzt muss in der Lage sein, den Nutzen eines Screenings objektiv darzulegen, ohne zu versuchen, den Patienten für die Mammographie zu gewinnen. Der Patient sollte aus den ihm gegebenen verständlichen und objektiven Informationen für sich selbst entscheiden können, ob er ein Screening für sinnvoll hält oder nicht. Die Patientin muss allerdings von ihrem wahrscheinlichen Irrtum befreit sein, dass eine Mammographie immer einen Nutzen für sie habe.

Natürlich darf der Arzt auch nicht die unerwünschten Wirkungen des Screenings außer Acht lassen. Einerseits soll die Früherkennung besserer Behandlungsmöglichkeiten und eine besserer Lebensqualität gewährleisten, aber andererseits ist es wichtig, dass die Patienten schon im Vorhinein über falsch-positive und falsch-negative Befunde informiert werden, damit beim eventuellen Eintritt dieser Situation mit Bedacht gehandelt werden kann und die Patientin nicht völlig überfordert mit der Nachricht ist. Auch über die Möglichkeit eines gefundenen Karzinoms, das klinisch nie relevant geworden wäre und über die Strahlenbelastung sollten Patienten zuvor informiert werden.

Der Nutzen und die unerwünschten Wirkungen hängen von verschiedenen Faktoren ab, wie z.B. dem Alter der Frauen, der Prävalenz von Brustkrebs, der Teilnehmerrate, der Screening-Intervalle, der Qualität von Durchführung und Befundung und der Therapie.[16]

Um fundierte und unverfälschte Aussagen über die Vor- und Nachteile des Mammographie-Screenings tätigen zu können, muss sich der jeweilige Arzt mit Statistiken und Studien beschäftigen. Allerdings ist auch das Anliegen der Ärzte zu verstehen, die auf gar keinen Fall etwas übersehen möchten und in falsch-positiven Befunden deswegen nichts Schlimmes sehen und in Kauf nehmen, dass unnötige psychische Belastungen auf die Patientin einwirken oder unnötige Operationen durchgeführt werden. Andererseits möchten sie natürlich auch die falsch-negativen Befunde vermeiden und setzten deswegen auf eine ausgiebige Untersuchung. Professor Gigerenzer zufolge beschäftigt sich ein Großteil der Ärzte nicht gerne mit Statistik oder sie haben es aufgrund ihrer länger zurückliegenden Ausbildung gar nicht gelernt. Sie

---

[16] http://www.brustkrebs-info.de/patienten-info/index.php?datei=patienten-info/mammographie-screening/screening_nutzen.htm
Zugriff am 15.11.2010.

realisieren die schlechten Vorhersagewerte gar nicht. Außerdem glauben Ärzte in der Regel an den Vorteil der Früherkennung von Krankheiten.[17]

Kommt es innerhalb einer Therapie zu einer überflüssigen Operation, da ein falsch-positiver Befund vorlag, sind sowohl Patientin als auch Arzt zufrieden, wenn nichts Böses herausgekommen ist. Dass die Operation vermeidbar gewesen wäre, da ca. 90% dieser falsch-positiven Befunde durch minimal-invasive Biopsien zu klären wären, interessiere meist nicht. Allerdings ist es auch ethisch fraglich, wie vielen Frauen es zugemutet werden kann, einen falsch-positiven Befund zu erhalten und eine etwaige Biopsie durchführen zu lassen, um einer Frau eine Früherkennung ihres Brustkrebses zu ermöglichen.

---

[17] Ebenda.

5. Fazit

Abschließend kann man sagen, dass das Internet eine Fülle von Informationen bietet. Allerdings kann man als Laie nicht zwischen richtigen und falschen Informationen unterscheiden. Dazu gilt es fundierter zu recherchieren und gezielt nach Missverständnissen zu suchen. Dies ist aber nicht immer möglich, gerade nicht, wenn eine betroffene erkrankte Person nach Informationen sucht. Die Patienten, die sich in dieser Lage wiederfinden könnten zur selektiven Wahrnehmung neigen und alles Positive, dass sie bei ihrer Recherche finden ohne Vorbehalte annehmen und glauben. Doch leider enthalten viele Internetseiten und Broschüren den Patienten Informationen vor, d.h. Nachteile werden gar nicht oder nur unzureichend genannt, es finden sich auch nur selten Verweise auf internationale Bestimmungen.

Das Internet ist als erste Informationsquelle über Brustkrebs und Mammographie nicht empfehlenswert. Verfügt man über ein gutes Hintergrundwissen, kann dies helfen, richtige von falschen Informationen zu trennen und sich eine reflektierte Meinung zu bilden. Somit ist es unabdingbar, sich vorab anderweitig mit dem Thea zu beschäftigen. Hier wäre der Arzt / die Ärztin wohl die beste Anlaufstelle, da in einem persönlichen Gespräch Missverständnisse aus dem Weg geräumt werden können und Platz für persönliche Fragen da ist. Natürlich muss in diesem Fall der Arzt / die Ärztin über alle Vor- und Nachteile informieren, ohne die Fakten zu „verschönern". Die Patientin sollte eine informierte Entscheidung treffen können. Frauen sollten weder zur Früherkennung gedrängt werden, noch davon abgehalten werden. Doch auch der jeweilige Arzt benötigt hierzu unverfälschte Informationen, die er aus gängigen Broschüren oder Internetseiten nicht unbedingt ersehen kann.

Man darf auch den ökonomischen Nutzen nicht links liegen lassen, den das Gesundheitswesen aus den Früherkennungsmethoden ziehen kann. Die teuren technischen Apparaturen müssen sich rentieren und auch die Pharmaindustrie will möglichst hohe Gewinne erzielen. Kann man nun sagen, dass nicht immer der Mensch und seine Gesundheit im Vordergrund stehen sondern wirtschaftlicher Profit?

Sollte nicht im Allgemeinen über andere Vorsorgemaßnahmen aufgeklärt werden? Gerade in Deutschland sollte mehr in die Aufklärung über den Konsum von Nikotin und die gesundheitlichen Folgen investiert werden, denn es ist keineswegs ausgeschlossen, dass gesunde Ernährung, rauchfreies Leben und Sport zur Krebsvorsorge beitragen.

6. Literaturverzeichnis

1)

Barth, Volker: Atlas der Mammadiagnostik: Mammographie und Sonographie intensiv trainieren. Georg Thieme Verlag KG, Stuttgart 1994.

2)

Gigerenzer, Gerd: Das Einmaleins der Skepsis. Über den richtigen Umgang mit Zahlen und Risiken, Berlin 2002.

3)

Gigerenzer, Gerd: Der Nutzen ist fraglich, Internetdokument auf <http://www.brustkrebs-info.de/patienten-info/mammographie-screening/gigerenzer_tsp6-05.htm

4)

Koubenec, Dr. H.-J.: Mammographie-Screening-Überschätzen wir den Nutzen? Internetdokument auf <http://www.brustkrebs-info.de/patienten-info/mammographie-screening/screening_nutzen.htm

5)

Nationales Netzwerk Frauen und Gesundheit (Hrsg.): Brustkrebs Früherkennung. Informationen zur Mammografie – eine Entscheidungshilfe, Hamburg 2007.

6)

Weymayr, Christian; Marnach-Kopp, Barbara; Gebest, Hans-Joachim; Gaisser, Andrea: Mammographie-Screening. Früherkennung von Brustkrebs. Was sie darüber wissen sollten, Köln, Heidelberg 2009.

7)

http://www.brustkrebs-info.de/patienten-info/mammographie-screening/TK-Broschuere2007_mammografie112007.pdf#oben

8)

http://www.saez.ch/pdf/2003/2003-38/2003-38-903.PDF S. 1959

9)

http://www.krebsinformationsdienst.de/tumorarten/brustkrebs/was-ist-brustkrebs.php.

10)

http://www.mammo-programm.de

11)

http://de.wikipedia.org/wiki/Mammografie

www.ingramcontent.com/pod-product-compliance
Lightning Source LLC
LaVergne TN
LVHW080119070326
832902LV00015B/2682